VENTE
Du Mercredi 29 Novembre 1911
HOTEL DROUOT, SALLE N° 11
A DEUX HEURES

FAIENCES ET PORCELAINES

ANCIENNES

FRANÇAISES ET ÉTRANGÈRES

OBJETS DIVERS

Tapisseries Anciennes

COMMISSAIRE-PRISEUR
M° Robert BIGNON
EXPERT
M. CAILLOT

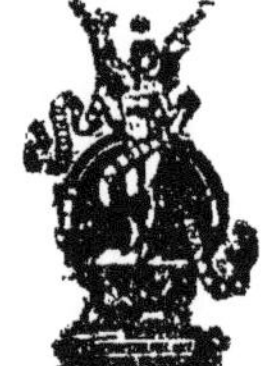

CATALOGUE

DE

Faïences et Porcelaines

ANCIENNES

PENDULES, SIÈGES, MEUBLES, ETC.

TAPISSERIES ANCIENNES

Dont la Vente aura lieu à Paris

HOTEL DROUOT, SALLE N° 11

LE MERCREDI 29 NOVEMBRE 1911

A DEUX HEURES

COMMISSAIRE-PRISEUR	EXPERT
Mᵉ ROBERT BIGNON	**M. CAILLOT**
41, rue de la Victoire	52, rue de la Victoire

EXPOSITION PUBLIQUE

Le Mardi 28 Novembre 1911, de 1 h. 1/2 à 5 h. 1/2

CONDITIONS DE LA VENTE

Elle sera faite au comptant.

Les adjudicataires paieront *dix pour cent* en sus des enchères.

L'exposition mettant le public à même de se rendre compte de l'état et de la nature des objets, aucune réclamation ne sera admise une fois l'adjudication prononcée.

On suivra **l'ordre numérique du Catalogue.**

Paris. — Imp. de l'Art, Ch. Berger, 41, rue de la Victoire.

DÉSIGNATION

ANCIENNES
FAIENCES FRANÇAISES

1 — **Aprey**. Deux pièces : pot à lait couvert et pot à crème, décor polychrome de bandes rayonnantes et branches fleuries.

2 — **Les Islettes**. Plat à bord contourné et hachures roses. Au fond, portrait de Louis XVIII.

Diam., 31 cent.

3 — **Les Islettes**. Plat à bord contourné à filet jaune et rose, décor barbeau sur le fond.

Diam., 30 cent.

4 — **Les Islettes**. Plat à bord contourné à filet bleu et rose. Au fond, très grande corbeille de fleurs.

Diam., 30 cent.

5 — **Les Islettes**. Grand plat à poisson, décor polychrome de personnages chinois et fleurs.

Long., 65 cent.

6 — **Lille**. Assiette, décor camaïeu bleu. Au fond, cul-de-lampe, et sur le marli, un lambrequin.

7 — **Lille.** Deux assiettes, décor camaïeu bleu, lambrequin et bouquet de fleurs.

8 — **Lille.** Petit soulier à talon vert, décor polychrome d'un semis de fleurs. Daté : *1750.*

9 — **Marseille.** Corbeille ovale ajourée et son plateau, décor polychrome de bouquets de fleurs.

10 — **Marseille.** Corbeille ovale ajourée, décor poly·chrome de bouquets de fleurs.

11 — **Marseille.** Assiette à bord déchiqueté, décor polychrome de grands branchages fleuris. Marque S. C.

12 — **Marseille.** Compotier à angles lobés, décor camaïeu vert de bouquets de fleurs. Fabrique de la veuve Perrin. Marquée VP.

13 — **Marseille.** Assiette à bord contourné, décor polychrome de bouquets de fleurs et papillon sur fond jaune.

14 — **Marseille.** Compotier à bord découpé, décor polychrome ; au fond, paysage avec personnages.

Diam., 205 millim.

15 — **Marseille.** Assiette à bord contourné, décor polychrome d'un semis de bouquets de fleurs. *Atelier de Robert.*

16 — **Marseille.** Assiette à bord contourné avec dents de loup en or, décor polychrome. Au fond, paysage maritime d'après *Joseph Vernet*.

17 — **Marseille.** Deux tasses à café et leurs soucoupes, décorées en polychrome d'un semis de fleurs. *Fabrique de Robert.*

18 — **Marseille.** Assiette à bord découpé et hachures roses, décor polychrome. Au fond, deux personnages orientaux dans un paysage. Sur le marli, quatre ornements de fleurs et attributs de jardinage.

19 — **Moustiers.** Deux soupières rondes sur trois pieds avec leurs couvercles, décor polychrome dit « à la fleur de pomme de terre ».

20 — **Moustiers.** Assiette à bord contourné, décor polychrome : la Vierge et l'Enfant Jésus dans les nuages dominant un paysage avec habitations. A la partie supérieure, sur une banderole, se trouve l'inscription : *Moustiers*.

21 — **Moustiers.** Assiette, décor camaïeu bleu ; le marli est orné d'une petite dentelle.

22 — **Moustiers.** Petit plat ovale à bord godronné, décor camaïeu bleu dans le goût de *Bérain*.

Long., 32 cent.

23 — **Moustiers.** Petit plat oblong à bord contourné, décoré de personnages, animaux, fleurs et feuillages en jaune.

Long., 24 cent.

24 — **Moustiers.** Petit plateau à angles rentrants, décor bleu dans le goût de *Bérain*.

Long., 195 millim. sur 15 cent.

25 — **Moustiers.** Plat creux oblong, décor polychrome ; semis de fleurs et feuillages.

Long., 36 cent.

26 — **Moustiers.** Plat à bord contourné, décor polychrome dit « à la fleur de pomme de terre ».

Diam., 39 cent.

27 — **Moustiers.** Assiette, décor camaïeu bleu. Armoirie au fond ; sur le bord, petit galon quadrillé.

28 — **Moustiers.** Assiette, décor camaïeu bleu. Armoirie double au fond et sur le marli ; petit lambrequin.

29 — **Moustiers.** Assiette à bord contourné, décor polychrome. Au fond, grand médaillon renfermant une chasse au cerf. Sur le marli, guirlandes de fleurs.

30 — **Moustiers.** Assiette à bord contourné, décor polychrome de même ornementation que la précédente ; le sujet du fond représente Jupiter dans les nuages.

31 — **Moustiers**. Deux assiettes à bord dentelé, décor polychrome d'oiseaux sur branchages.

32 — **Moustiers**. Deux plats à bord contourné, décor polychrome. Au marli, guirlandes de fleurs ; sur le fond, écusson armorié ayant à la partie supérieure une banderole avec l'inscription : *Forward*.

Diam., 325 millim.

33 — **Nevers et Strasbourg**. Quatre assiettes, dont deux Nevers, décor polychrome et les deux autres Strasbourg, décor polychrome de bouquets de fleurs.

34 — **Nevers**. Petit plat rond à large marli, décor camaïeu bleu. Au fond, deux personnages dans un paysage et sur le marli, bouquets de fleurs, feuillages et oiseaux. A la partie supérieure, un blason.

Diam., 30 cent.

35 — **Nevers**. Très petit plat rond à large marli, décor camaïeu bleu ; sur le marli, branchages fleuris avec oiseaux et animal. Au fond, deux petits personnages dans un paysage.

Diam., 24 cent.

36 — **Nevers**. Assiette, décor bleu, et manganèse de personnages chinois, avec blason à la partie supérieure.

37 — **Nevers.** Potiche couverte, décor de bouquets de fleurs et feuillages, oiseaux et ornements divers en blanc fixe et deux tons de jaune sur fond gros bleu de Perse.

Haut., 275 millim.

38 — **Niederwiller.** Assiette à bord contourné, décor polychrome. Au fond, un bouquet de fleurs. Sur le marli, deux bouquets de fleurs et feuillages en relief.

39 — **Niederwiller.** Groupe de deux personnages et un chien sur terrasse rocailleuse, décor polychrome.

Haut., 24 cent.

40 — **Niederwiller.** Assiette à bord contourné doré, décor polychrome de bouquets de fleurs.

41 — **Rouen.** Assiette, décor polychrome ; au fond, arbuste et petit galon sur le bord.

42 — **Rouen.** Assiette à bord contourné, décor polychrome. Sur le marli, lambrequin composé de six guirlandes de fleurs, cartouches quadrillés et ornements divers. Au fond, corbeille de fleurs et feuillages.

Diam., 235 millim.

43 — **Rouen.** Assiette à bord contourné, décor polychrome. Au marli, six cartouches quadrillés, guirlandes de fleurs et ornements divers ; sur le fond, corbeille fleurie.

Diam., 25 cent.

44 — **Rouen.** Deux pièces : assiette à bord contourné, décor chinois polychrome, et compotier à bord dentelé, décor polychrome au carquois.

45 — **Rouen.** Sabot, décor camaïeu bleu d'ornements de ferronnerie.

46 — **Rouen.** Paire de mules à hauts talons jaunes, décor polychrome de bouquets de fleurs.

47 — **Rouen.** Très grand plat oblong à bord découpé, décor camaïeu bleu. Au fond, grand branchage de fleurs et feuillages ; sur le bord, petite bande ornementale avec oves.

Long., 79 cent , larg., 44 cent.

48 — **Rouen.** Deux lions assis à crinières jaunes, décor polychrome.

Haut., 53 cent.

49 — **Rouen.** Pichet couvert, décor polychrome avec l'inscription : *Jacques Mine, 1780.*

50 — **Rouen.** Assiette à bord contourné, décor polychrome d'oiseaux sur branchages. Au marli, petits quadrillés noirs sur fond vert. *Atelier de Levavasseur.*

51 — **Rouen.** Plat à bord contourné, décor polychrome à la corne tronquée.

Diam., 38 cent.

52 — **Rouen**. Bannette de forme octogonale, décor
bleu et jaune. Au fond, un cul-de-lampe. Au bord
et sur le fond, très grand lambrequin composé
de quadrillés, vases fleuris, pendentifs et ornements divers.

Long., 40 cent.

53 — **Rouen**. Grand plat ovale à bord dentelé, décor
camaïeu bleu. Au fond, très grande rosace. Sur
le bord, petit lambrequin.

Long., 465 millim.

54 — **Rouen**. Assiette à bord contourné, décor polychrome. Au fond, corbeille de fleurs et feuillages.
Sur le marli et la chute, lambrequin composé
de guirlandes, quadrillés et ornements divers.

(Vente Laurent, Mars 1909.)

55 — **Rouen**. Assiette, décor bleu et rouge. Au fond,
cul-de-lampe. Sur le marli et la chute, lambrequin composé de vases fleuris, pendentifs, ferronnerie et ornements divers.

(Vente Laurent, Mars 1909.)

56 — **Rouen**. Assiette, décor bleu et rouge. Au fond,
rose avec feuillage. Sur le bord, petit galon.

57 — **Rouen**. Assiette à bord découpé, décor polychrome. Au fond, œillets et feuillages. Sur le
marli, petits quadrillés noirs sur fond vert.
Atelier de Levavasseur.

58 — **Rouen**. Grand plat rond à bord dentelé, décor polychrome. Au fond, panier vannerie jaune rempli d'un grand bouquet de fleurs et feuillages. Sur le marli, rinceau de fleurs, grenades et feuillages sur fond bleu. Au bord, petites oves jaunes et filet bleu.

Diam., 46 cent.

(Vente F. Barrot, Juin 1907.)

59 — **Rubelles.** Trois assiettes à bord lobé, deux fonds verts et une fond bleu.

60 — **Saint-Amand**. Plat oblong à bord découpé, décor camaïeu bleu. Au fond, paysage avec habitations. Sur le marli, rinceau en blanc fixe.

Long., 38 cent.

61 — **Saint-Clément**. Pot à eau couvert et sa cuvette de forme oblongue; au bord, ornements dorés. Sur la panse, le couvercle et le fond de la cuvette, paysage camaïeu violet.

Haut., 27 cent.; longueur de la cuvette, 35 cent.

62 — **Samadet**. Plateau d'écuelle à bord découpé, décor polychrome de bouquets de fleurs.

Diam., 22 cent.

63 — **Samadet**. Grande fontaine-applique de forme balustre, son couvercle et son bassin sur trois petits pieds griffes de lion, décor polychrome de bouquets de fleurs.

64 — **Sceaux**. Plateau ovale à marli ajouré, décor Barbeau.

Long., 30 cent.

65 — **Sceaux**. Assiette à bord découpé, hachures roses et filet bleu, décor polychrome de bouquets de fleurs.

66 — **Sceaux**. Deux assiettes à bord déchiqueté et hachures bleues, décor polychrome. Au fond, médaillon renfermant des personnages dans un paysage.

67 — **Sceaux**. Deux assiettes à bord découpé, filet bleu et hachures roses, décor polychrome de bouquets de fleurs.

68 — **Sceaux**. Tasse mignonnette et sa soucoupe, décor polychrome et or d'un semis de fleurs.

69 — **Strasbourg**. Porte-huilier en forme de bateau, décor polychrome de *Paul Hanong*. Marqué *PH*.

70 — **Strasbourg**. Petit sanglier sur terrasse, décor au naturel.

71 — **Strasbourg**. Ecuelle couverte à oreilles plates, décor polychrome de Chinois et arbustes.

72 — **Strasbourg**. Saucière de forme oblongue à deux déversoirs et deux anses ajourées, décor polychrome de bouquets de fleurs, de *Joseph Hanong*. Marquée *II, 483*.

73 — **Strasbourg**. Paire de flambeaux à bases octo-
gonales, décor polychrome de *Joseph Hanong*.
Marqués *H*.

Haut., 19 cent.

74 — **Strasbourg**. Assiette à bord contourné, décor
camaïeu rose de bouquets de fleurs, de *Joseph
Hanong*. Marquée *H*.

75 — **Strasbourg**. Assiette à bord contourné, décor
polychrome de bouquets de fleurs, de *Joseph
Hanong*. Marqué *H, 39*.

76 — **Strasbourg**. Soupière couverte sur quatre
pieds et anses ajourées, décor polychrome de
bouquets de fleurs.

ANCIENNES

FAIENCES ÉTRANGÈRES

77 — **Bayreuth**. Assiette à bord contourné, décor polychrome de bouquets de fleurs en relief au marli, sur le fond, bouquet de fleurs et feuillages.

78 — **Bayreuth**. Assiette, décor blanc argent de grands branchages de fleurs et feuillages avec oiseaux, sur fond marron marbré.

Diam., 225 millim.

79 — **Castelli**. Petite plaque rectangulaire en hauteur, décor polychrome : Turc tenant un cheval par la bride.

Haut., 17 cent. sur 125 millim.

80 — **Delft**. Lot important de carreaux, décor camaïeu bleu.

81 — **Delft**. Plat rond à bord découpé, décor camaïeu bleu ; vase de fleurs entouré d'ornements rayonnants et six réserves.

Diam., 35 millim.

82 — **Delft**. Deux assiettes, décor camaïeu bleu.

83 — **Delft**. Petit plat, décor polychrome. Au marli, compartiments rayonnants et sur le fond, fleurs, feuillages et rocaille.

Diam , 26 cent.

84 — **Delft**. Assiette, décor polychrome dit « au tonnerre ».

85 — **Delft**. Assiette, décor bleu, rouge et or d'*Adrian Pinacker*. Au fond, grand médaillon contenant un vase fleuri entouré d'un lambrequin. Le marli est couvert également d'un lambrequin. Marquée : A. P. R.

86 — **Delft**. Deux cornets, décor polychrome de bouquets de fleurs et cartouche rocaille.

Haut., 31 cent.

87 — **Delft**. Paire de potiches couvertes, de forme octogonale côtelée, décor camaïeu bleu de bouquets de fleurs, balustrades et ornements divers.

Haut., 38 cent.

88 — **Delft**. Porte-perruque, décor camaïeu bleu : Chinois et lambrequin.

89 — **Delft**. Plaque en hauteur à bord découpé, décor polychrome. Trois vases fleuris posés sur un motif, composé de quadrillés, feuillages et ornements divers.

Haut. 375 millim.

90 — **Delft**. Chope minuscule, décor camaïeu bleu. Couvercle étain.

91 — **Delft**. Dessus de brosse, décor camaïeu bleu : lambrequin et vase fleuri.

92 — **Delft**. Assiette, décor camaïeu bleu : vase fleuri et grand lambrequin.

93 — **Delft**. Plat rond, décor polychrome. Au fond, corbeille de fleurs et feuillages. Sur le marli et une partie, du fond grand lambrequin. Au revers, la marque à la griffe.

Diam., 36 cent.

91 — **Delft**. Plat rond, décor polychrome. Au fond, grande rosace contenant une pagode. Sur le marli, petit ornement régulier.

Diam., 35 cent.

95 — **Hispano-Moresque**. Très petit plat rond, décor jaune métallique sur fond chamois.

Diam., 17 cent.

96 — **Italie**. Deux petits vases pharmaceutiques de forme et de dimensions différentes, le plus grand, décor polychrome de fruits et feuillages et l'autre, décor de rinceau camaïeu bleu avec aigle en manganèse sur fond jaune.

97 — **Milan**. Assiette à bord contourné, décor polychrome : Chinois.

98 — **Milan**. Poudrière à anse forme balustre, décor polychrome : rocaille et fleurs.

99 — **Milan**. Plat oblong à bord découpé, décor polychrome, composé de deux personnages de la comédie italienne dans un paysage.

Long., 31 cent.

100 — **Raeren**. Quatre cruches en ancien grès de Raeren, variées de forme et de décor. Deux ont un couvercle en étain.

101 — **Urbino**. Petit plat creux à large marli, décor polychrome en plein, représentant saint Jean dans un paysage.

Diam., 225 millim,

102 — **Urbino**. Petit plat à large marli, décor polychrome en plein, présentant Vénus et l'Amour sur les flots.

Diam., 235 millim.

103 — **Urbino**. Grand plat rond à petit marli, décor polychrome d'arabesques. Au fond, médaillon renfermant le sujet de *Diane et Actéon*.

Diam., 42 cent.

104 — **Venise**. Plat octogonal, décor polychrome. Au fond, grand médaillon renfermant un paysage, avec balustrade, vase et panier fleuris, arbustes, oiseaux et ornements divers. Au marli, oiseaux et bouquets de fleurs.

Diam., 35 cent.

ANCIENNES PORCELAINES

105 — **Alcora**. Petite assiette en ancienne porcelaine
tendre, décor de fleurs et inscription.

> Diam., 185 millim.

106 — **Amstel**. Assiette à bord contourné, décor
camaïeu rose et or. Au fond, jeté de fleurs et sur
le marli, quatre cartouches rocailles renfemant
paysage. Marquée *A*.

107 — **Chantilly**. Deux assiettes, marli à vannerie,
décor camaïeu bleu dit « au jet d'eau ».

108 — **Chantilly**. Deux assiettes à bord découpé, décor camaïeu bleu à l'épi et fleurs.

109 — **Chine (Compagnie des Indes)**. Petit plateau
oblong à marli découpé à jour, décor polychrome
et or. Au fond, un blason.

> Long., 23 cent.

110 — **Chine (Compagnie des Indes)**. Deux petits pla-
teaux oblongs, décor polychrome de guirlandes
et bouquets de fleurs.

> Long., 27 cent.

111 — **Chine et Japon**. Deux théières couvertes, décor de fleurs de la famille rose et bleu, rouge et
or pour celle en porcelaine du Japon.

112 — **Chine et Japon.** Trois tasses dépareillées et un pot à lait.

113 — **Chine.** Quatre petites tasses et soucoupes, à décors variés.

114 — **Chine et Sèvres.** Six pièces, dont quatre très petites bouteilles Chine bleu, une soucoupe porcelaine de Sèvres et un couvercle porcelaine dure décorée de bleuets.

115 — **Japon.** Petit vase à anse, décor bleu à personnages chinois et ornements divers.

116 — **Japon.** Quatorze assiettes, décor bleu, rouge et or, de modèles différents.

117 — **Louisbourg.** Assiette à marli vannerie, décor polychrome. Au fond, paysage maritime et sur le marli, petites fleurettes.

118 — **Paris.** Tasse-trembleuse couverte et sa soucoupe, à décor polychrome de bouquets de fleurs.

119 — **Paris.** Pot à lait, décor analogue au numéro précédent.

120 — **Paris-Sèvres-Chine.** Six assiettes, dont quatre décor polychrome de fleurs et de fruits, une porcelaine de Sèvres décorée d'un paysage animé et une assiette creuse en porcelaine de Chine.

121 — **Paris.** Soupière couverte de forme ovale à deux anses et plateau à décor de bouquets de fleurs.

122 — **Paris.** Deux groupes de trois personnages villageois sur terrasses rocailleuses en biscuit de Locré.

Haut., 20 cent.

123 — **Paris.** Groupe de cinq personnages, biscuit de Locré.

Haut., 26 cent.

124 — **Paris.** Petit buste de Bonaparte en grès blanc, sur socle en bois noir.

125 — **Saint-Cloud.** Pot-pourri couvert de forme ronde avec quatre bandes verticales saillantes. Porcelaine pâte tendre blanche, décor de rinceaux de fleurs et feuillages en relief et d'imbrications.

Diam., 16 cent.; haut., 20 cent.

126 — **Saint-Cloud et Mennecy.** Deux pièces : pot à crème formé d'un artichaut sans couvercle, porcelaine pâte tendre blanche de Saint-Cloud, et petit pot à pommade sans couvercle, porcelaine tendre de Mennecy, décor bleu de petits bouquets de fleurs.

127 — **Saxe.** Paire de salières de forme oblongue, le pourtour à vannerie et nervures, décor polychrome de bouquets de fleurs.

128 — **Saxe**. Six assiettes à bord découpé et marli ajouré, décor polychrome de bouquets de fleurs.

129 — **Saxe**. Deux plats avec marli vannerie, décor polychrome de bouquets de fleurs.

Diam., 37 cent.

130 — **Saxe**. Deux plats, même décor que les précédents.

Diam., 34 cent.

OBJETS DIVERS

SIÈGES ET MEUBLES

131 — ÉMAIL CLOISONNÉ. Petit vase-balustre à anses formées par des chimères et anneaux mobiles en ancien émail cloisonné de la Chine, fond bleu turquoise.

Haut., 215 millim.

132 — Cartel porte-montre, marqueterie de cuivre sur écaille. Époque Louis XV.

133 — Très petite pendule Louis XVI en bronze ciselé, sur socle en bois avec ornements. A la partie supérieure, un amour sur des nuages tenant de la main gauche une couronne.

Haut., 26 cent.

134 — Pendule époque Louis XVI, avec sujet en bronze doré : l'Amour et l'Amitié, sur socle en marbre rouge ayant un bas-relief en bronze

doré sur la face et encadrement de perles sur les côtés cintrés. Mouvement de *Clerget*, à *Paris*.

Haut., 32 cent.; larg. du socle, 34 cent.

135 — Petite harpe, vernis Martin : bouquets de fleurs et couronnes. Signée : *Naderman, à Paris*. Époque Louis XVI.

136 — Bergère en bois sculpté, avec bras à colonnettes. Signée : *Gay*. Époque Louis XVI.

137 — Bois de fauteuil en bois sculpté peint en blanc. Époque Louis XV.

138 — Trois fauteuils-médaillon, époque Louis XVI, en bois laqué blanc, recouverts d'étoffe à rayures fond jaune et blanc.

139 — Glace avec cadre à fronton en bois sculpté et doré, de l'époque Louis XVI.

140 — Coffre Renaissance, orné sur la face et sur les côtés de panneaux sculptés, encadrés par des pilastres cannelés. XVIᵉ siècle.

Long., 1 m. 20 cent.; larg., 57 cent.; haut., 78 cent.

141 — Petite table rectangulaire, à quatre pieds-colonnettes réunis par des traverses. Italie, fin du XVIᵉ siècle.

Long., 1 m. 15 cent.; larg., 55 cent

142 — Lit breton à colonnettes et panneaux en bois sculpté.

143 — Belle et grande armoire en chêne sculpté. Époque Louis XVI.

144 — Coffre Renaissance en bois sculpté.

TAPISSERIES

145 — Grande et belle tapisserie ancienne en trois morceaux, avec bordures de trois côtés. Pastorale dans la manière de Huet. A la partie de gauche, paysan jouant du flageolet et bergère avec son chien ; au milieu, personnage couché, et à la partie droite, composition de cinq personnages et moutons : la Diseuse de bonne aventure ; le tout sur un joli fond de verdure avec parc et balustrade. XVIIIe siècle. *Manufacture d'Aubusson.* Partie refaite dans le haut.

Long. totale, 4 m. 60 cent.
Haut., 2 m. 25, non compris la partie refaite.

146 — Grande tapisserie-verdure d'Aubusson. Au premier plan, oiseaux dans un parc ; au milieu, paysage traversé par un cours d'eau sur les bords duquel se trouvent deux cavaliers, une barque, château et habitations. Au fond à gauche, grands arbres avec oiseaux. Bordure cadre. XVIIIe siècle.

Larg., 4 mètres ; haut , 3 m. 30 cent.

147 — Bandeau de tapisserie : fleurs et mufle de lion. Époque Louis XIII.

Long., 2 m. 30 cent.; haut., 50 cent.

148 — Petite portière de tapisserie ancienne au point et morceau de bordure d'ancienne tapisserie d'Aubusson.

149 — Bandeau de tapisserie ancienne au point à fleurs, palmettes et ornements divers.

150 — Sous ce numéro, objets omis.

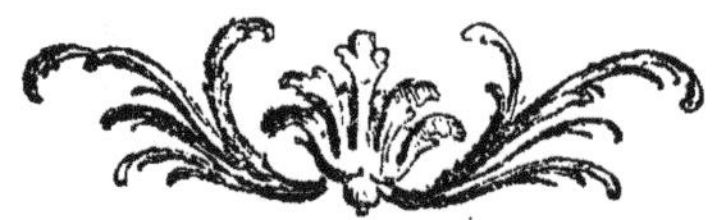